Animales rojos

Teddy Borth

Abdo
ANIMALES DE COLORES
Kids

abdopublishing.com

Published by Abdo Kids, a division of ABDO, PO Box 398166, Minneapolis, Minnesota 55439.

Copyright © 2017 by Abdo Consulting Group, Inc. International copyrights reserved in all countries. No part of this book may be reproduced in any form without written permission from the publisher.

Printed in the United States of America, North Mankato, Minnesota.

052016

092016

THIS BOOK CONTAINS RECYCLED MATERIALS

Spanish Translator: Maria Puchol, Pablo Viedma

Photo Credits: iStock, Science Source, Shutterstock, Thinkstock,

Production Contributors: Teddy Borth, Jennie Forsberg, Grace Hansen

Design Contributors: Candice Keimig, Laura Rask, Dorothy Toth

Publishers Cataloging-in-Publication Data

Names: Borth, Teddy, author.

Title: Animales rojos / by Teddy Borth.

Other titles: Red animals. Spanish

Description: Minneapolis, MN : Abdo Kids, [2017] | Series: Animales de colores |
    Includes bibliographical references and index.

Identifiers: LCCN 2016934831 | ISBN 9781680807271 (lib. bdg.) |
    ISBN 9781680808292 (ebook)

Subjects: LCSH: Animals--Juvenile literature. | Spanish language materials--
    Juvenile literature.

Classification: DDC 590--dc23

LC record available at http://lccn.loc.gov/2016934831

Contenido

El rojo

El rojo es un **color primario**.

El rojo no se puede obtener

de la mezcla de otros colores.

La mezcla de los colores

🔴 **+** 🟡 **=** 🟠

🟡 **+** 🔵 **=** 🟢

🔵 **+** 🔴 **=** 🟣

🟠 **+** 🟢 **+** 🟣 **=** ⚫

Colores primarios

🔴 **Rojo**

🟡 **Amarillo**

🔵 **Azul**

Colores secundarios

🟠 **Naranja**

🟢 **Verde**

🟣 **Morado**

5

El rojo en la tierra

El zorro rojo tiene un gran sentido del oído. Puede oír un ratón chillar a 330 pies (100 m) de distancia.

Un mandril es un simio. Los machos tienen la cara roja. El líder es el que más rojo tiene en su cara.

Hay pandas rojos en China.

Un panda rojo es del mismo
tamaño que un gato doméstico.

Los gallos tienen algo rojo en su cabeza. Se llama la cresta. La cresta es brillante si el gallo está sano.

El rojo en el aire

El ibis escarlata empieza siendo gris, blanco o de color café. Los ibis escarlata comen muchos **camarones**. ¡Por eso son rojos!

El escarabajo rojo de los lirios come plantas. Destrozan muchas plantas. ¡A los jardineros no les agradan estos escarabajos!

El rojo en el agua

Los ranisapos viven en el fondo marino. Usan las aletas para caminar. Cambian de color para camuflarse en rocas y plantas.

El chancharro vive en el Océano Atlántico. Nada cerca de Canadá. Puede llegar a vivir 75 años.

Más datos

- El rojo fue el primer color que tuvo nombre después del blanco y el negro.

- Los perros y el ganado no pueden ver ni el rojo ni el verde. Lo ven todo gris en su lugar.

- El rojo es el color de la ira, el calor, el coraje, el amor, la fiesta y el peligro.

Glosario

camarón – diminuto animal marino que parece una langosta pequeña.

color primario – color que no se obtiene de mezclar otros colores.

color secundario – color que resulta de la mezcla de dos colores primarios.

cresta – parche de color rojo que parece pelo en la cabeza de un gallo.

Índice

abdokids.com

¡Usa este código para entrar en abdokids.com y tener acceso a juegos, arte, videos y mucho más!

Código Abdo Kids:
ARK6979